Karin Kramer

Tee, Punsch & Mee(h)r
die schönsten Getränke des Nordens

Karin Kramer, Coldemüntje 5, 26810 Westoverledingen,
Telefon 04951-1660, Telefax 04951-949763
www.ostfriesische-kueche.de
5. Auflage 2014
Druck: Verlag H. Risius KG
Risiusstraße 6 - 10 • 26826 Weener
Telefon 04951-9300, Telefax 04951-930150
eMail: risius@rheiderland.de
ISBN 9-3-88761-089-0

Karin Kramer

Tee, Punsch & Mee(h)r

- die schönsten Getränke des Nordens

Verlag H. Risius • 26826 Weener (Ems)

Moin, leve Leser!

Viele schöne Rezepte für gesellige Stunden
laden zum Probieren ein.

Typische, traditionelle Getränkespezialitäten vom Ostfriesischen Tee, Hamburger Alsterwasser, Mecklenburger Seelenwärmer, Grog oder Eierbier finden Sie hier.

Zu meiner großen Freude habe ich viel Altes neu entdeckt und bin begeistert von den Ergebnissen.

In vielen Rezepten wird Alkohol verwendet, das ist nicht unbedingt ein Muss. Bei vielen Getränken kann man ihn durch andere Flüssigkeiten ersetzen, z.B. Sekt durch Zitronensprudel, Wein durch Traubensaft usw. oder einfach darauf verzichten.

Sie werden feststellen, jede Region hat Ihre Spezialität.
Ich wünsche Ihnen viel Freude beim Lesen, Zubereiten und Genießen.

Ihre Karin Kramer

Teetied

(Teezeit)

Teetied ist bei uns in Ostfriesland ein fester Brauch. Jede Familie hat einen festen Zeitpunkt, an dem sich alle zum gemeinsamen Teetrinken versammeln. Teetied ist der Inbegriff von Gemütlichkeit, die Zeit der Gespräche und der Gastlichkeit.

Zutaten: Tee, Wasser, Kandis, Teekanne.

1. Weiches (kalkarmes) Wasser zum Kochen bringen.
2. Eine Teekanne (Treckpot) mit heißem Wasser ausspülen und erwärmen.
3. Die Kerze im Teestövchen anzünden.
4. In die vorgewärmte Kanne pro Tasse 1/2 Teel. Teeblätter geben und mit dem kochendem Wasser überbrühen.
5. Die Teekanne auf das Teestövchen setzen und 3 - 5 Min. ziehen lassen.
6. Danach die erforderliche Wassermenge (kochend) zugießen, kurz ziehen lassen.
7. In dünnwandige Teetassen 1 - 2 Kluntjes (weißer Kandis) geben und mit gesiebtem Tee auffüllen, so dass es knistert.
8. Mit einem Romlepel (Sahnelöffel) ein Wölckchen aus Sahne auf den Tee legen.
9. Der Tee wird nicht gerührt, sondern durch das Wölckchen (Wulkje) getrunken.
10. Ab der zweiten Tasse darf der Tee gerührt werden.

im Muck (Becher) oder in kleinen Gläsern serviert. Es ist eine Spezialität der Region Angeln - in Schleswig-Holstein - hat also nichts mit dem Angelsport zu tun.

Angler Muck (kalt)

Zutaten: 1/2 l Rum oder Korn, 1 l Zitronensprudel.

1. Die Getränke mischen und mit Eiswürfel und Zitronenscheiben servieren.

Apfeltee

Für 1 Glas

Zutaten: 100 ml klarer Apfelsaft, 1 Prise gemahlener Ingwer, 100 ml heißer, schwarzer Tee, 1 Zitronenscheibe (unbehandelt), evtl. 1 Kandis.

1. Den Apfelsaft mit dem Ingwer bis zum Siedepunkt erhitzen, in ein Punschglas gießen, mit dem heißen Tee auffüllen.
2. Zum Garnieren die Zitronenscheibe einschneiden, auf den Glasrand setzen, den Kandis als Beilage reichen.

Apfeltee ist gesund und wirkt belebend zugleich.

Advokatenbuddel

Für 4 Personen

Zutaten: 2 Essl. Zucker, 2 Eigelb, 200 ml gekühlte Sahne, 4 Essl. Advokat (Rum) oder Ostfriesischer Branntwein.
Zum Garnieren: 2 Eiweiß, 2 Teel. Zucker, 1 Prise Zimt.

1. Den Zucker mit Eigelb und Sahne verrühren und kräftig schlagen, den Rum zugeben.
2. Das Eiweiß mit dem Zucker zu festem Schnee schlagen.
3. Das Getränk auf 4 Wein- oder Punschgläser verteilen, mit Schneehaube und einer Zimtprise garnieren und sofort servieren.

Dieses schöne Rezept stammt aus einem ca. 100 Jahre alten Kochbuch einer ostfriesischen Bäuerin.

Apfelbowle

Für 8 - 9 Bowlegläser

Zutaten: 1/2 l Wasser, Saft von 2 Zitronen, 6 - 8 Essl. Zucker, 3 Essl. Vanillezucker, 6 - 8 Äpfel (norddeutscher Herkunft).
Weitere Zutaten: Zitronenmelisse, 1 Flasche gekühlter Sekt.

1. Das Wasser, Zitronensaft und den Zucker in einen Topf geben.
2. Die Äpfel waschen, schälen, vierteln, entkernen, in Würfel schneiden und sofort in das süße Zitronenwasser geben.
3. Den Topf mit einem Deckel verschließen und den Inhalt bei starker Hitze ganz kurz aufkochen.
4. Die Apfelstücke mit der Flüssigkeit sofort in ein Bowlegefäß füllen und gut abkühlen lassen.
5. Die Zitronenmelisse waschen und die Blättchen von den Stielen zupfen und zu den kalten Apfelwürfeln geben.
6. Kurz vor dem Servieren den Sekt zugeben, abschmecken und genießen.

Aufgesetzter von Kirschen

Zutaten: 200 g frische Sauerkirschen, 200 g Kandis (Kluntjes) und eine Flasche Branntwein oder Korn, evtl. Gewürze wie Stangenzimt, Zitronenschale oder 1 Stück Vanillestange.

1. Die Kirschen gründlich waschen und gut abtropfen lassen, etwas andrücken.
2. Die vorbereiteten Früchte mit dem Kandis und Gewürzen in ein weithalsiges Glasgefäß geben und mit dem Branntwein oder Korn auffüllen.
3. Das Glasgefäß gut verschließen und den Aufgesetzten an einem warmen, sonnigen Ort 6 - 8 Wochen ziehen lassen.
4. Danach den Aufgesetzten durch ein sehr feines Haarsieb oder durch Filterpapier gießen, auffangen und in hübsche Flaschen füllen.
5. Die Flaschen gut verschließen und den Likör noch einige Wochen ruhen lassen.

Die gesiebten Früchte schmecken sehr gut zu Vanilleeis, Pudding und Schlagsahne.

Branntweinrosinen

(Ostfriesische Bohnensuppe)

Zutaten: 250 - 500 g Rosinen (ungeschwefelt), 200 ml Wasser, 100 g Kandis (Kluntjes), 0,7 l ostfriesischer Branntwein (kein Korn oder Rum!), 4 Teel. Vanillezucker.

1. Die Rosinen mehrmals mit warmen Wasser abwaschen.
2. Die Kluntjes mit dem Wasser in einem kleinen Kochtopf erhitzen, bis sich der Kandis auflöst.
3. Die Rosinen mit Vanillezucker in ein verschließbares Gefäß geben, mit dem Branntwein begießen und zum Schluß mit Kandiswasser auffüllen.
4. Das Gefäß gut verschließen und mindestens eine Woche vor dem Verzehr an einem kühlen Ort ruhen lassen.

Branntweinrosinen werden bei uns in Ostfriesland zu festlichen Anlässen gereicht. In heutiger Zeit wird vorwiegend zur Geburt eines Kindes den Gästen = Kinnertön = serviert. Dieses leckere Getränk wird aber auch in einigen ostfriesischen Süßspeisen (z.B. Ostfriesentorte) verwendet.

Beerenmilch

Für 5 - 6 Gläser

Zutaten: 250 g Himbeeren, 2 - 3 Essl. Zucker, 2 Teel. Vanillezucker, 800 ml gekühlte Vollmilch, evtl. 2 Essl. Zitronensaft.

1. Die Himbeeren gründlich waschen, mit dem Zucker in einen Krug geben und mit einem Stabmixer pürieren.
2. Die Milch zugießen, gut mixen und mit dem Zitronensaft abschmecken.

Bierbowle

Für 8 Gläser

Zutaten: 1 Glas Sauerkirschen (à 840 ml), 2 Essl. Vanillezucker, 1 Flasche Rotwein, 2 Flaschen eisgekühltes, helles Bier.

1. Die Sauerkirschen mit Saft, Vanillezucker und Rotwein in ein Bowlegefäß geben und gut 12 Stunden ziehen lassen.
2. Kurz vor dem Servieren das Bier zugießen, umrühren, abschmecken und genießen.

Anstelle der Kirschen schmecken z.B. Himbeeren oder Erdbeeren sehr gut. Möchte man auf Alkohol verzichten, den Rotwein durch Traubensaft ersetzen und zum Auffüllen alkoholfreies Bier nehmen.

Buttergrog

Für 1 Glas

Zutaten: 2 Teel. Butter (20 g), 2 Teel. Zucker, 1 Prise Zimt, 1 Spirale Zitronenschale (unbehandelt), 1 Schnapsglas Rum, 150 ml heißer Apfel - oder Traubensaft.

1. Die Butter, Zucker, Gewürze und den Rum in ein Grog- oder Punschglas geben.
2. Den heißen Fruchtsaft dazugeben, gut umrühren und sofort servieren.

Der Buttergrog ist sehr nahrhaft und wärmend zugleich. In einigen Regionen wird statt Fruchtsaft einfach heißes Wasser verwendet.

Bischof

Für 2 - 3 Personen

Zutaten: 2 - 3 kleine unbehandelte Pomeranzen (Bitterorangen), 2 - 3 Essl. Zucker, 1 Stange Zimt, 1 Flasche Rotwein (Rotspon - Bordeaux).

1. Die Pomeranzen heiß abwaschen, abtrocknen und dünn mit einem Sparschäler abschälen.
2. Die Pomeranzenschalen und die Zimtstange in ein Bowlegefäß geben und mit Zucker bestreuen.
3. Den Wein zugießen und die Bowle abgedeckt 12 Stunden ziehen lassen. Danach durch ein feines Sieb filtern und abschmecken.

Je nach Geschmack und Jahreszeit kann der Bischof heiß (nicht kochend) oder gut gekühlt serviert werden.
Tipp: Sollten mal keine Pomeranzen zur Verfügung stehen, die Bowle einfach mit einem guten Schuß Pomeranzenlikör ansetzen.

Cardinal

Für 11 Gläser

1 Flasche Arrak (oder Rum), Zucker, 1 Flasche gekühlter Weißwein, 1 Flasche gekühlter Sekt.

1. Den Arrak oder Rum mit dem Zucker in ein Bowlengefäß geben, ca. 30 Min. beiseite stellen.
2. Den gekühlten Wein und Sekt zugießen, verrühren und abschmecken.

Den Cardinal in dünnen Bowlegläsern oder Bechergläsern kalt servieren.

Dreifuß

Für 5 Gläser

Zutaten: 1 Flasche Rotwein, 5 Essl. Zucker, 1/2 Teel. Zimt, 1/2 Teel. gemahlene Vanilleschote, 5 Eigelb, 5 Essl. Wasser.

1. Den Wein mit dem Zucker und den Gewürzen in einen Topf geben und kurz aufkochen lassen.
2. In der Zwischenzeit das Eigelb mit dem Wasser kräftig verschlagen.
3. Den Topf von der Hitzequelle nehmen und das Eigelb in den heißen Wein einrühren.
4. Den Eierwein heiß in Wein- oder Punschgläser füllen und servieren.

Der Dreifuß hat seinen Namen der schönen Optik zu verdanken. Nach kurzer Zeit setzt er sich unten im Glas dunkelrot ab, gefolgt von einer rosefarbenen Schicht, gekrönt mit einem Schaumhäubchen. Dadurch wirkt er sehr dekorativ und schmeckt einfach köstlich.

Dithmarscher Festtagskaffee

Zutaten: 10 l Wasser, 500 g gemahlener Kaffee, 4 - 5 Eier, 1 Prise Salz, 2 Stück Würfelzucker.

1. Genau 9 l Wasser in einem großen Topf zum Kochen bringen.
2. In der Zwischenzeit die Eier in eine Schüssel geben, kräftig schlagen. Jetzt 1 l kaltes Wasser, 1 Prise Salz und den Kaffee zugeben, zu einem dicken Brei vermengen.
3. Wenn das Wasser kocht, den Kaffeebrei unter Rühren eingießen und einmal kurz aufkochen lassen.
4. Die Hitzequelle ausschalten, 2 Stück Würfelzucker auf dem Kaffee schwimmen lassen.
5. Nun muß der Kaffee 10 Minuten ziehen, das Kaffeemehl setzt sich während dieser Zeit am Topfboden ab - darf jetzt nicht mehr gerührt werden.
6. Den fertigen Kaffee (von oben abschöpfen) in Kannen filtern und servieren oder den Kaffee in ein großes Gefäß filtern, zudeckeln und bis zum Verzehr im Wärmebett heiß halten.

Dieses schöne Rezept wurde mir von der Landfrau Elfriede Hayn aus Kuden/Dithmarschen zur Verfügung gestellt - herzlichen Dank dafür.

Durch die Eier und den Würfelzucker werden die Bitterstoffe im Kaffee gebunden, deswegen schmeckt er auch nach Stunden mild und bekömmlich. Selbstverständlich läßt sich das Rezept in haushaltsübliche Mengen umrechnen.

Eiergrog

Für 2 Groggläser

Zutaten: 2 Eigelb, 2 Essl. Zucker, 2 Schnapsgläser Rum, knapp 400 ml kochendes Wasser.

1. Das Eigelb mit dem Zucker in einem Krug dick cremig schlagen, dann den Rum zugeben.
2. Die Eier-Rumcreme auf 2 Groggläser verteilen, mit dem kochend heißen Wasser auffüllen und sofort servieren.

Eierlikör

Zutaten: 4 Eigelb, 150 g Puderzucker, 200 ml flüssige Sahne, 200 ml Rum (54 %).

1. Das Eigelb mit dem Puderzucker in eine Schüssel geben und verrühren.
2. Die Schüssel in ein Wasserbad stellen und bei mittlerer Hitze solange mixen, bis die Masse dickcremig ist.
3. Zuerst die Sahne, dann den Rum einrühren.
4. Den fertigen Eierlikör in eine hübsche Karaffe füllen und kühl stellen!

Wer mag, kann dieses Rezept auch einfach auf kaltem Wege zubereiten. Der Eierlikör hält im Kühlschrank mindestens 4 Wochen.

Eier-Teepunsch

Für 2 Teegläser

Zutaten: 2 Eigelb, 2 Essl. Zucker, 2 - 4 Essl. Rum, knapp 400 ml heißer, schwarzer Tee, 1 Prise Zimt.

1. Das Eigelb mit dem Zucker in einem Krug dick cremig schlagen, dann den Rum zugeben.
2. Die Creme auf 2 Henkelgläser verteilen, den heißen Tee aufgießen und mit Zimt garniert sofort servieren.

Wer keinen Rum möchte, kann diesen sehr gut durch 4 Teelöffel Vanillezucker ersetzen.

Eierbier

Eierbier wird auf die gleiche Weise wie Warmbier zubereitet - siehe Seite 55.

Eierwein

Für 2 - 3 Personen

Zutaten: 2 Eigelb, 2 - 3 Essl. Zucker, 300 ml Weißwein.

1. Den Zucker und das Eigelb in einen kleinen, hohen Topf geben und mit dem Mixer bei mittlerer Hitzezufuhr zu einer dicken Creme aufschlagen.
2. Den Wein langsam zugießen, unter Rühren erhitzen bis die Masse im Topf aufsteigt - fertig, 2 Minuten warten.
3. Den Eierwein in hübsche Punschgläser füllen und heiß servieren.

Eierwein schmeckt heiß und warm, man kann ihn aber auch sehr gut gekühlt genießen.

Eiskaffee

Für 1 Person

Zutaten: 2 Kugeln Vanilleeis, ca. 150 ml kalter Kaffee, 2 Essl. geschlagene Sahne, 1 Prise Kakaopulver.

1. Die Vanilleeiskugeln in ein hohes Glas geben und mit Kaffee übergießen.
2. Eine Sahnehaube aufspritzen, mit Kakaopulver garnieren, mit einem Löffel und Trinkhalm sofort servieren.

Der Eiskaffee ist bestimmt kein typisches Getränk des Nordens, wird bei uns aber fast überall serviert und gerne getrunken.

Eistee fruchtig

Für 5 Gläser

Zutaten: 1/2 l starker schwarzer Tee, evtl. 2 Essl. Zucker, 1/2 l klarer Fruchtsaft- z.B. Apfelsaft, Kirschsaft, Erdbeer- oder Himbeersaft usw. Zum Abschmecken: 2 - 4 Essl. Zitronensaft.

1. Den Zucker in dem Tee auflösen und abkühlen lassen.
2. Den Obstsaft zugeben, mit Zitronensaft abschmecken und gekühlt servieren.

Dieser fruchtige Eistee ist nicht zu süß, reich an Vitaminen und eine köstliche Erfrischung an heißen Sommertagen.

Erdbeerbuttermilch

Für 4 Gläser

Zutaten: 300 g vollreife Erdbeeren, 2 - 3 Essl. Zucker, 2 Teel. Vanillezucker, 500 ml gekühlte Buttermilch.

1. Die Erdbeeren gründlich waschen, entkelchen, mit dem Zucker in einen Krug geben und mit dem Stabmixer pürieren.
2. Die Buttermilch zugießen, verrühren, abschmecken, in dekorative Gläser füllen und gekühlt servieren.

Erdbeerbowle

Für 8 Gläser

Zutaten: 500 g frische Erdbeeren, 1 Teetasse Zucker, 1 Flasche Weißwein, 1 Flasche Sekt (kalt).

1. Die Erdbeeren gründlich waschen, entkelchen, große Früchte halbieren, ins Bowlegefäß geben.
2. Den Zucker zugeben, 10 Minuten ziehen lassen, den Wein aufgießen und zugedeckt nochmals 1 Stunde kalt stellen.
3. Kurz vor dem Servieren den Sekt zugeben, abschmecken, in Gläser füllen und genießen.

Die gleiche Bowle kann man auch sehr gut ohne Alkohol zubereiten. Dann nehme ich statt Wein klaren Apfelsaft und ersetze den Sekt durch Zitronensprudel.

Feuerzangenbowle

Für 8 Personen

Zutaten: 3 Orangen (unbehandelt), 1 Zitrone (unbehandelt), 3 Stückchen Zimt, 2 - 4 Gewürznelken, 4 Flaschen trockener Rotwein, 1 Zuckerhut, 350 ml Rum 54 %.

1. Die Orangen und die Zitrone heiß abspülen, abtrocknen und einige Spiralen von der Schale abschälen. Die Zitrusfrüchte auspressen.
2. Den Rotwein, Saft, Zitrusspiralen und die Gewürze (Tipp: Im Tee-Ei) zusammen in einen Kupferkessel geben und fast bis zum Kochen erhitzen.
3. Den erhitzten Wein in dem Kessel auf einen Rechaud auf den Tisch stellen, an dem sich die Gäste bereits befinden dürfen.
4. Die Feuerzange über den Kessel hängen, Zuckerhut auflegen.
5. Den Zuckerhut mit etwas Rum begießen und anzünden. Der geschmolzene Zucker tropft in den Wein, süßt und aromatisiert die Bowle zugleich.
6. Mit der Schöpfkelle Rum nachgießen (NIE direkt aus der Flasche: Feuergefahr!) bis der ganze Zuckerhut in die Bowle getropft ist.
7. Die Feuerzangenbowle in Punschgläser füllen und heiß genießen.

Feuerzangenbowle ist ein Getränk für die kalte Jahreszeit, das, in gemütlicher Runde getrunken, ein unvergesslicher Genuß ist.

Fliederbeer - Grog

Für 1 Glas

Zutaten: 1 Schnapsglas Rum, 1 Essl. Zitronensaft, 3 Würfelzucker, etwa 125 ml Fliederbeersaft.

1 Den Fliederbeersaft bis kurz vor dem Siedepunkt erhitzen.
2. Den Rum, Zitronensaft, die Zuckerwürfel und einen Groglöffel (Glas) in ein dünnes Grogglas geben und mit dem heißen Saft auffüllen.

Fliederbeergrog ist leicht herb im Geschmack, vielleicht gerade deswegen bei Kennern so beliebt.

Fliederbowle

Zutaten: 8 - 10 Blütendolden vom Fliederbeerbusch (Holunderblüten), 1/2 l Wasser, 2 Teetassen Holunderblütensirup, 1 Flasche Wein, 1 Flasche Sekt (eisgekühlt), Saft von 1 - 2 Zitronen.

1. *Die Blütendolden abspülen und gut trocken schütteln.*
2. *Die Blütendolden in ein Weckglas geben, mit Holunderblütensirup und Wasser auffüllen, im Kühlschrank mindestens 12 Stunden ziehen lassen.*
3. *Nach der Ruhezeit alles durch ein feines Sieb filtern.*
4. *Den Sud in ein schönes Bowlengefäß geben, mit Wein und Sekt auffüllen, mit Zitronensaft abschmecken - fertig.*

Als essbare Dekoration frische Fliederblüten und Limonenscheiben (halbiert) mit in die Bowle geben.

Friesischer Teepunsch

Zutaten: 1 - 2 Teel. Kandiszucker, 1/2 Tasse heißer, schwarzer Tee, 1 Schnapsglas Korn.

1. Den Kandiszucker in die Tasse geben, Tee zugießen, wenn der Kandis zersprungen ist, mit dem Korn auffüllen und heiß genießen.

Teepunsch gibt es an der ganzen Küste entlang in ähnlichen Rezepturen, in einigen Regionen nimmt man statt Korn auch Geele Köm, Branntwein oder Rum.

Fruchtbuttermilch

Für 1 Glas

Zutaten: 100 ml kalte Buttermilch, 100 ml Fruchtsaft beliebiger Art, z.B. Holunderbeersaft, Orangensaft oder ähnliches.

1. Die Buttermilch mit dem Fruchtsaft mischen, das ist alles.

Bei uns in der Familie sind jung und alt begeistert vom diesem lekkeren und gesunden Durstlöscher.

Glühwein

Für 4 Personen

Zutaten: 1 Becher Wasser, 1 Stück Zimt, 2 - 4 Nelken (oder Gewürzmischung), 4 Essl. Zucker, 1 Flasche Rotwein, 4 Scheiben einer ungespritzten Zitrone.

1. Das Wasser mit den Gewürzen zum Kochen bringen und 5 Min. ziehen lassen.
2. Den Zucker und den Rotwein zugeben, bis zum Siedepunkt erhitzen, nicht kochen lassen.
3. Die Gewürze aus dem Glühwein sieben und diesen heiß in Gläser, mit einer Zitronenscheibe garniert, servieren.

Hagebuttenlikör

Zutaten: 400 g geputzte Hagebutten, 150 g Kandis, 1 Flasche Korn oder Branntwein.

1. Die Hagebutten waschen, gut abtropfen lassen, halbieren, alle Härchen und Kerne entfernen.
2. Die Hagebuttenhälften mit dem Nudelholz leicht zerdrücken.
3. Die vorbereiteten Früchte mit dem Kandis in ein weithalsiges Glasgefäß geben und mit dem Branntwein oder Korn auffüllen.
4. Das Gefäß gut verschließen und an einem kühlen Ort 6 - 8 Wochen ziehen lassen.
5. Danach den Ansatz durch ein feines Sieb filtern, auffangen und in hübsche Flaschen füllen.
6. Die Flaschen gut verschließen und den Likör noch einige Wochen ruhen lassen.

In eine hübsche Karaffe gefüllt ist dieser Hagebuttenlikör auch eine ganz besondere Geschenkidee.

Holländischer Kaffee

(Eierlikörkaffee)

Für 1 Kaffeetasse

Zutaten: 1 Schnapsglas Eierlikör, 1 - 2 Teel. Zucker, 125 ml heißer, starker Kaffee, 1 Essl. geschlagene Sahne, 1 Prise Kakao, 1 Prise Kaffeepulver.

1. Den Eierlikör mit dem Zucker in eine vorgewärmte große Tasse geben.
2. Die Mischung mit dem heißen Kaffee auffüllen und eine Sahnehaube aufsetzen.
3. Die Sahne mit je einer Prise Kakao und Kaffeepulver garnieren und sofort servieren.

Unsere holländischen Nachbarn sind ja wahre Spezialisten der Kaffeezubereitung.

Honiglikör

Zutaten: 300 g klarer Honig, 450 ml Korn

1. Den Honig in ein Gefäß geben, mit Korn auffüllen und so lange rühren, bis sich der Honig auflöst - fertig.
2. Den Honiglikör in eine schöne Flasche füllen und 4 Wochen reifen lassen.

Der Honiglikör schmeckt pur,
aber auch im Tee ganz vorzüglich.

Honigmilchpunsch

Zutaten: 150 ml Vollmilch, 3 Teel. Honig, 1 Eigelb, 2 - 3 Essl. Cognac.
Zutaten Schneehaube: 1 kl. Eiweiß, 1 Teel. Zucker, 1 Prise Muskat.

1. Die Milch in einem Milchtopf zum Sieden bringen, den Honig zugeben.
2. Das Eigelb mit dem Cognac verschlagen und in die heiße Honigmilch rühren.
3. Für die Schneehaube, das Eiweiß mit dem Zucker zu Schnee schlagen.
4. Die heiße Honigmilch in ein Punschglas füllen, den gesüßten Eischnee als Haube aufsetzen, mit Muskat garnieren und sofort servieren.

Honigmilchpunsch ist ein wärmendes Getränk an kalten Winterabenden, das auch ohne Cognac einfach lecker schmeckt.

Holunderblütensirup

Zutaten: 16 - 20 Blütendolden vom Holunderbeerbusch, 10 g Zitronensäure, 1 l kochend heißes Wasser, 1 kg Zucker.

1. Die Blütendolden abspülen und gut trocken schütteln.
2. Die Blütendolden in ein Gefäß (Glas) füllen, die Zitronensäure und das heiße Wasser zugeben.
3. Das Glas verschließen und 2 - 3 Tage an einem kühlen Ort ziehen lassen.
4. Nach der Ruhezeit alles durch ein feines Sieb filtern.
5. Die gewonnene Flüssigkeit mit dem Zucker aufkochen. Den fertigen Sirup in sterile Flaschen füllen, gut verschließen und kühl lagern.

Der Holunderblütensirup hält sich bis zur nächsten Saison. Er schmeckt sehr lecker zum Pudding oder mit Mineralwasser aufgefüllt hat man ein erfrischendes Sommergetränk.

Holunderbeerlikör

Zutaten: 300 ml Holunderbeersaft, 100 g Kandis, 1/2 Vanillestange, 300 ml Rum oder Korn.

1. Den Holundersaft mit dem Kandis kurz aufkochen lassen.
2. Die Vanillestange in eine hübsche Karaffe geben und den heißen Holunderbeersaft sofort zugießen.
3. Nach dem Abkühlen den Rum oder Korn zugießen und 3 - 4 Wochen reifen lassen.
4. Vor dem ersten Servieren die Vanillestange aus dem Likör nehmen.

Wer den typischen Holundergeschmack bevorzugt, läßt die Vanillestange einfach weg.

Holundersekt

Zutaten: 10 Blütendolden vom Holunderbeerbusch, 4 l Wasser, 600 - 800 g Einmachzucker, 2 unbehandelte Zitronen, 20 g Zitronensäure oder 200 ml Wein- oder Obstessig.

1. Die Blütendolden abspülen und gut trocken schütteln, die Zitronen in Scheiben schneiden.
2. Die Blütendolden, Zitronensäure oder Essig und die Zitronenscheiben in einen glasierten Tontopf (Püllpott) geben. Das heiße Zuckerwasser zugießen.
3. Den Topf zudeckeln und etwa 4 - 5 Tage an einem kühlen Ort ruhen lassen.
4. Nach der Ruhezeit alles durch ein feines Sieb filtern. Die gewonnene Flüssigkeit in dickwandige (Dünne könnten explodieren) Flaschen füllen und gut verkorken.
5. Den Holundersekt 2 - 3 Wochen ruhen lassen, es stellt sich eine leichte Gärung ein. Längeres lagern vertieft den Geschmack.

Hoppel-Poppel

(Ei mit Arrak und Sahne)

Für 2 Personen

Zutaten: 2 Eigelb, 2 Essl. Zucker, 2 Essl. Arrak (oder Rum), 200 ml gekühlte Sahne, 1 Prise Muskat.

1. Das Eigelb mit dem Zucker in einem Krug dick cremig schlagen.
2. Den Arrak und die Sahne zugießen und gut verrühren.
3. Den Hoppel-Poppel in 2 schöne Kelchgläser füllen und mit einer Prise Muskat garniert servieren.

Kalter Hoppel-Poppel ist ein sehr nahrhaftes Getränk, doch vielleicht gerade deswegen so unbeschreiblich lecker.

Lütt und Lütt

(Klein und Klein)

Zutaten : 1 kleines helles Bier, 1 leichter Korn.

Was der Lütt und Lütt oder Köm und Beer in Hamburg ist, nennt der Hannoveraner die Lütje Lage.
Das besondere an dieser Spezialität ist die Trinktechnik. Mit Daumen und Zeigefinger wird das Bierglas umfasst, zugleich (in derselben Hand) klemmt das Schnapsglas zwischen Mittel- u. Ringfinger (oberhalb des Bierglases). Während des Trinkens kippt der Korn ins Bierglas und wird zusammen in einem Zug verzehrt.
Diese alte Tradition erfordert ausgiebiges Üben und bringt viel Spaß in geselliger Runde.

Karamelmilch

Für 2 Personen

Zutaten: 3 Essl. Zucker, 400 ml Vollmilch
Zum Garnieren: 2 Essl. geschlagene Sahne, 2 Prisen Zimt.

1. Den Zucker in einen kleinen Milchtopf geben und unter Rühren bräunen (karamellisieren) lassen.
2. Den Topf von der Herdplatte ziehen und vorsichtig die Milch zugießen.
3. Die Milch nochmals aufkochen, bis sich der Karamelzucker vom Topfboden löst.
4. Die heiße Karamelmilch in Henkelgläser füllen, mit einer Haube aus Sahne und Zimt garnieren und heiß servieren.

Kirschbowle

Zutaten: 3 Gläser Sauerkirschen (à 840 ml), 21 Tüten Vanillezucker, 1 Flasche Rum.

1. Alle Zutaten in ein Bowlegefäß füllen, verrühren, zudeckeln und an einem kühlen Ort ca. 12 Stunden ziehen lassen - fertig.

Diese moderne Kirschbowle schmeckt einfach köstlich, sie kann natürlich durch die Zugabe von Rotwein oder Sekt entschärft werden.

Maibowle

Für 8 - 10 Gläser

Zutaten: 3 - 5 Stängel Waldmeisterkraut (vor der Blüte geerntet), 1 Flasche Weißwein, 4 - 6 Essl. Zucker, 1 Flasche Sekt (eisgekühlt).
Zum Garnieren: Zitronen oder Limonenscheiben - kann, muß aber nicht.

1. Das Waldmeisterkraut waschen, trockenschütteln und mit einem Faden die Stielenden zusammenbinden.
2. Den Zucker in ein Bowlegefäß geben, den Weißwein dazugießen und rühren, bis sich der Zucker aufgelöst hat.
3. Das Waldmeisterkraut in den Wein hängen, die Stielenden dürfen nicht mit der Flüssigkeit in Berührung kommen, ca. 3 Stunden an einem kühlen Ort ziehen lassen.
4. Die Zitrusfrucht waschen, halbieren, in dünne Scheiben schneiden, mit dem Sekt in die Bowle geben, abschmecken und servieren.

Siehe nächste Seite

Waldmeistersud - Maibowlekonzentrat

(Konzentrat)

Eine Hand voll Waldmeisterblätter (vor der Blüte geerntet) in 0,7 l Branntwein einlegen. Nach 5 Wochen durchsieben, in eine Flasche füllen. Bei Bedarf 2 Schnapsgläser Waldmeistersud, Zucker, Weißwein und Sekt in ein Bowlegefäß mischen, abschmecken und servieren.

Mandelmilch

Für 2 Personen

Zutaten : 400 ml Vollmilch, 2 Essl. fein geriebene süße Mandeln, 1 - 2 Essl. Zucker, 2 Tropfen Bittermandelöl.
Zum Garnieren: 2 Essl. geschlagene Sahne, 2 Prisen Zimt.

1. Die Milch mit den geriebenen Mandeln und dem Zucker einmal kurz aufkochen, beiseite stellen und ca. 30 Min. ziehen lassen.
2. Das Bittermandelöl zugeben und noch einmal kurz erhitzen.
3. Die heiße Mandelmilch in Becher füllen und mit einer Haube aus Sahne und einer Prise Zimt sofort servieren.

Mecklenburger Punsch

Seelenwärmer

Zutaten: 3 unbehandelte Orangen, 2 unbehandelte Zitronen, 6 Schnapsgläser Weinbrand, 800 ml heißer, schwarzer Tee, 4 Essl. klarer Honig, 12 Schnapsgläser Rum.

1. Eine Orange waschen, abtrocknen, und die Schale in dünnen Spiralen abschälen. Die Zitrusfrüchte auspressen.
2. Den Saft, die Orangenschalen und den Weinbrand in ein Glasgefäß geben und zugedeckt 3 - 4 Stunden ziehen lassen.
3. Die Orangenschalen aus dem Weinbrandsaft entfernen.
4. Den frisch gebrühten Tee, Weinbrandsaft, Honig und Rum zusammen in einen Kochtopf geben, bis zum Siedepunkt erhitzen, abschmecken und heiß in Punschgläser servieren.

Durch das Erhitzen mindert sich der Alkoholgehalt ein wenig.

Milchgrog

Für 1 Glas

Zutaten: 1 Schnapsglas Rum oder Arrak, 3 Würfelzucker, etwa 125 ml kochend heiße Milch.

1. Den Rum, die Zuckerwürfel und einen Groglöffel (Glas) in ein dünnes Grogglas geben und mit der heißen Milch auffüllen - fertig.

Milchgrog wird in einigen Gegenden auch gerne als Bauerngrog serviert - muß wohl an der Milch liegen.

Möwenschiet

(Möwenschiß)

Für 1 Person

Zutaten: 1 Schnapsglas Korn oder Aquavit, 1 Scheibe Salami oder Leberwurst, 1/4 Teel. Senf oder Meerrettich.

1. Den Korn in ein gekühltes Schnapsglas (mit Fuß) geben.
2. Die Wurstscheibe mit dem Senf oder Meerrettich betupfen und als Deckel auf das Schnapsglas legen.

(weiter nächste Seite)

Möwenschiet ist ein typisches Begrüßungsgetränk in einigen Regionen der Ostseeküste. Zuerst wird die Wurst mit dem Gewürztupfen (Schiß) zerkaut und dann mit dem Korn hinuntergeschluckt.

Orangen-Teepunsch

Zutaten: 200 g getrocknete Aprikosen (ungeschwefelt), 1 l Orangensaft, 2 Vanillezucker, 800 ml schwarzer, starker Tee.

1. *Die getrockneten Aprikosen in feine Würfel schneiden, mit dem Vanillezucker in ein Glasgefäß geben.*
2. *Den Orangensaft über die Obstwürfel gießen und zugedeckt mindestens 12 Stunden ziehen lassen.*
3. *Nach der Quellzeit, den Orangensaft mit den Fruchtstücken und dem Tee in einen Topf geben und bis zum Siedepunkt erhitzen.*
4. *Den Punsch abschmecken und heiß in Punschgläsern mit einem Löffel servieren.*

Je nach Geschmack kann der Vanillezucker durch andere Gewürze wie Ingwer oder z.B. Zimt ersetzt werden. Eine besondere Note erhält der Punsch, wenn man kurz vor dem Servieren eine Teetasse mit Branntweinrosinen zugibt.

Pharisäer

Für 2 Becher

Zutaten: 100 ml süße Sahne, 4 Stück Würfelzucker, 2 - 4 Schnapsgläser Rum, knapp 300 ml heißer, starker Kaffee.

1. Die hohen Pharisäertassen vorwärmen. Die Sahne steifschlagen.
2. In jede Tasse 2 Stück Würfelzucker geben, mit heißem Kaffee begießen und mit 1 - 2 Schnapsgläser Rum auffüllen.
3. Den Rumkaffee mit Schlagsahne krönen und sogleich genießen.

Der Pharisäer hat seinen Ursprung auf der schönen Halbinsel Nordstrand (Schleswig Holstein), es muß anno 1870 gewesen sein.

Die Inselbewohner waren zum Teil recht trinkfreudig. Der Pastor war darüber sehr besorgt und es verging keine Sonntagspredigt in der er den Alkoholkonsum aufs schärfste tadelte. So begab es sich bei einer Tauffeier, zu der auch der Herr Pastor eingeladen wurde, dass es eben nur Kaffee zu trinken gab.
Während der Hohe Gast auch Kaffee erhielt, bekamen die anderen Gäste einen ordentlichen Schuß Rum mit in die Tasse. Um den Alkoholduft zu verdecken, wurde eine dicke Haube Schlagsahne auf den „Kaffee" gesetzt. Die Stimmung wurde immer lustiger - bis dem Pastoren aus Versehen ein „Rumkaffee" gereicht wurde. Als dieser den Betrug begriff, rief er entsetzt: „Oh Ihr Pharisäer".

Rosenbowle

Für 5 - 6 Gläser

Zutaten: 10 - 15 Duftrosenblätter (ungespritzt), 2 Essl. Zucker oder Rosensirup, 1 Flasche Weißwein, 1 Flasche eiskalter Sekt.

1. Die Blütenblätter trocken reinigen, in eine Bowleschüssel geben, mit Zucker bestreuen und mit etwa 1/2 Fl. Wein übergießen. Zugedeckt 2 - 3 Stunden ziehen lassen.
2. Die Rosenblätter entfernen, den restlichen Wein und Sekt aufgießen, abschmecken und genießen.

Die fertige Rosenbowle wirkt besonders festlich, wenn man kurz vor dem Servieren eine besonders schöne Rosenblüte in der Bowle schwimmen lässt.

Rumtopf

Zutaten: Für den Anfang: 500 g reife Erdbeeren oder Himbeeren, 500 g Zucker, 700 ml Rum (54 %). Folgende Zutaten: 500 g Früchte, 250 g Zucker, Rum der gleichen Sorte.

1. Die Beeren gründlich waschen, entkelchen, abtrocknen und mit dem Zucker in einen Steinguttopf geben, ca. 1 Stunde ziehen lassen, den Rum zugießen und kühl und dunkel lagern.
2. Wenn weitere Früchte reif sind, diese wieder gründlich reinigen, abtrocknen und mit 250 g Zucker auf 500 g Obst in den Steintopf geben, erneut mit Rum begießen. Der Rum muß mindestens 3 cm über den Früchten stehen.
3. Die letzte Fruchtzugabe sollte vor dem Verzehr mindestens 2 Wochen gezogen sein.

Die Früchte können je nach Jahreszeit und Geschmack zusammengestellt werden.
Wenn keine frischen Früchte zur Verfügung stehen, kann man auch sehr gut tiefgekühltes Obst verwenden.

Rote-Grütze-Topf

Der Rote-Grütze-Topf wird wie oben beschrieben zubereitet, statt der verschiedenen Fruchtsorten werden ausschließlich Beerenfrüchte verarbeitet.

Rumgrog

Für 1 Glas

Zutaten: 1 Schnapsglas Rum, 3 Würfelzucker, knapp 150 ml kochendes Wasser.

1. Den Rum, die Zuckerwürfel und einen Groglöffel (Glas) in ein dünnes Grogglas geben und mit kochend heißem Wasser auffüllen.

Rumgrog ist ein wärmendes Getränk für die kalte Jahreszeit.

Sanddornmilch

Für 1 Glas

Zutaten: 2 Essl. Sanddornmark, oder 1 Schnapsglas Sanddornsaft, etwas Zucker, knapp 200 ml kalte Vollmilch, 1 Kugel Vanilleeis.

1. Die Milch mit dem Sanddorn und dem Zucker gut verrühren.
2. Die Kugel Eis in ein hohes Glas geben, mit der Sanddornmilch auffüllen und sofort genießen.

Ein Sanddornsirup ist ebenfalls verwendbar, dann kann man den Zucker weglassen. Bei uns im hohen Norden gibt es eine große Auswahl an Sanddornspezialitäten - einfach mal schauen.

Sanddornlikör

Sanddornlikör wird wie Schlehenlikör hergestellt, anstatt der Schlehenfrüchte nimmt man die gleiche Menge Sanddornbeeren.

Schlehenlikör

Zutaten: 300 g Schlehenfrüchte (sie sollten schon Frost gehabt haben - draußen oder Tiefkühltruhe), 150 g Kandis, 1 Vanillestange, 1 Flasche Korn oder Branntwein.

1. Die Schlehenfrüchte abspülen, evtl. einige einstechen, mit dem Kandis und der Vanillestange (aufgeschnitten) in ein hohes Weckglas geben.
2. Den Alkohol aufgießen, das Glas zudeckeln und mindestens 6 - 8 Wochen ruhen lassen.
3. Den Likörsatz durch ein feines Haarsieb oder durch Filterpapier gießen, auffangen und in hübsche Flaschen füllen.
4. Die Flaschen gut verschließen und den Likör noch einige Wochen ruhen lassen.

Schokolade

(heiß)

Für 1 Becher

Zutaten: 20 g Schokolade (Stückchen), 2 Essl. Wasser, knapp 200 ml Vollmilch.

1. *Das Wasser in einen kleinen Topf geben, die Schokolade zugeben und bei mittlerer Hitze schmelzen.*
2. *Die Milch zugießen und unter Rühren kurz aufkochen lassen - fertig.*

Eine echte heiße Schokolade schmeckt natürlich mit einer Schlagsahnehaube besonders gut.

Sturmbowle

(Rügens Spezialität)

Zutaten: 1/2 l heißer, starker Tee, 1/2 l Rotwein, 1/8 l Rum, 3 - 4 Essl. Zucker, 6 Essl. Zitronensaft.

1. *Die Zutaten in einen Topf geben, bis zum Siedepunkt erhitzen, abschmecken, in Gläser füllen und heiß genießen.*

Teebowle mit Früchten

Für 10 - 12 Gläser

Zutaten: 1 l heißer, schwarzer Tee, 100 ml Zitronensaft, 100 ml Orangensaft, 100 g Zucker, 4 Teel. Vanillezucker, 500 g Obst, z.B. Erd - oder Himbeeren, 1 Apfel, 1 Orange, 1 Flasche eiskalter Sekt.

1. Den Tee in ein Bowlengefäß füllen, den Zucker und die Zitrussäfte zufügen.
2. Sollen Äpfel in die Bowle, am besten geschnitten in die heiße Flüssigkeit geben, so werden sie etwas weicher. Zugedeckt abkühlen lassen.
3. Die Beeren entkelchen, abspülen, halbieren. Die Orange schälen, in feine Würfel schneiden.
4. Die vorbereiteten Früchte zum kalten Tee geben, mit dem kalten Sekt auffüllen, abschmecken und genießen.

Die Teebowle kann man auch sehr gut ohne Alkohol zubereiten. Dann nehme ich statt Sekt einfach Zitronensprudel oder Mineralwasser.

Teelikör

Zutaten: 300 ml heißer, starker, schwarzer Tee, 150 g Kandis, 1/2 Vanillestange, 300 ml Rum oder Branntwein.

1. Den Kandis in dem heißen Tee unter Rühren auflösen lassen.
2. Die Vanillestange in eine hübsche Karaffe geben und den heißen Kandis - Tee sofort zugießen.
3. Nach dem Abkühlen den Rum oder Branntwein zugießen und 3 - 4 Wochen reifen lassen.
4. Vor dem ersten Servieren die Vanillestange aus dem Likör nehmen.

Teelikör (Teesöpke) ist ein recht wohltuendes Schlückchen nach dem Essen. Warm mit einem Sahnehäubchen garniert ist es z.B. ein netter Begrüßungstrunk.

Teepunsch mit Milch

Zutaten: 4 Teel. Tee, 2 Teetassen Wasser, 1/2 l heiße Milch, 6 Teel. brauner Zucker oder Honig, evtl. Rum, 3 Essl. geschlagene Sahne, 1 Teel. Zimtzucker.

1. Das Wasser zum Kochen bringen, den Tee damit aufbrühen, 5 Min. zugedeckt ziehen lassen, sieben und auf 3 Becher verteilen.
2. Den Zucker oder Honig zugeben, mit der heißen Milch auffüllen, evtl. einen Schuß Rum eingießen.
3. Den heißen Teepunsch mit einem Sahnehäubchen und Zimtzucker garnieren und sogleich servieren.

Wer sich den Teepunsch servieren lassen möchte, sollte unsere Melkhuskes im Raum Weser-Ems besuchen.

Tote Tante

Für 1 Becher

Zutaten: 1 Schnapsglas Rum, 200 ml heiße Schokolade, 1 Essl. geschlagene Sahne, 1 Prise Kakaopulver.

1. Den Rum in einen vorgewärmten Becher oder eine große Henkeltasse (Glas) geben.
2. Die heiße Schokolade zugießen, mit Sahnehäubchen und Kakaopulver garnieren und sogleich servieren.

Warmbier mit Rum und Sahne

(Eierbier)

Für 2 - 3 Personen

Zutaten: 2 Eier, 3 - 4 Essl. Zucker, 2 Essl. Zitronensaft, 1 Prise Zimt, evtl. 1 Prise Ingwer, 1 Flasche Bier (0,33 l), 2 Schnapsgläser Rum, 2 Schnapsgläser Sahne.

1. Zucker, Eier, Zitronensaft und die Gewürze in einem kleinen, hohen Topf geben und mit dem Mixer bei mittlerer Hitzezufuhr zu einer dicken Creme aufschlagen.
2. Das Bier langsam zugießen, unter Rühren erhitzen bis die Masse im Topf aufsteigt.
3. Den Topf von der Hitzequelle nehmen, die Sahne und den Rum zugeben, 2 Minuten warten.
4. Das Warmbier in hübsche Punschgläser füllen und heiß servieren.

Ich bitte zu bedenken, Warmbier ist ein recht starkes Getränk. Um es zu entschärfen, kann man sehr gut alkoholfreies Bier verwenden. Als Beilage sind Butterbrotscheiben einfach lecker.

Weihnachtsbowle

Für 10 - 12 Gläser

Zutaten: 1 Orange (unbehandelt), 12 Stück Würfelzucker, 2 Flaschen leichter Rotwein, 1 kleine Zimtstange, 1 Prise Muskat, 1 Glas Sauerkirschen (850 ml), 4 Schnapsgläser Kirschlikör.

1. Die Orange heiß abspülen, von der Schale dünne Spiralen abschälen oder den Würfelzucker an der Frucht reiben. Die Orange auspressen.
2. Den Rotwein, Orangensaft, Würfelzucker, Orangenschale und die Gewürze in einen Topf geben und einmal kurz aufkochen lassen.
3. Den heißen Wein, die Kirschen (mit Saft) und den Likör in ein Bowlegefäß geben und einige Stunden zugedeckt kalt stellen.
4. Kurz vor dem Servieren die Zimtstange und evtl. Orangenschalen aus der Bowle nehmen, abschmecken und servieren.

Diese Weihnachtsbowle wird in Dänemark kalt serviert.

Buchweizenwaffeln mit Sahne und Eierlikör

Ergibt 10 - 12 Stück

Zutaten für den Teig: 125 g weiche Butter, 4 Essl. Zucker, 4 Teel. Vanillezucker, 4 Eier, 250 ml Vollmilch, 125 g Weizenmehl, 125 g Buchweizenmehl, 2 Teel. Backpulver.
Zum Einfetten: Öl.
Zum Garnieren: 400 ml Sahne, 2 Essl. Puderzucker, selbstgemachter Eierlikör.

1. Die Butter mit dem Zucker schaumig schlagen, die Eier, das Mehl und Backpulver zugeben und alles cremig rühren
2. Die Milch zugießen und alle Zutaten zu einem glatten Teig vermengen. Etwa 30 Minuten quellen lassen.
3. Die Sahne mit dem Puderzucker steif schlagen und kalt stellen.
4. Das Waffeleisen vorheizen, danach dünn mit Öl einfetten und aus dem Teig goldbraune Waffeln backen. Noch warm mit Puderzucker besieben.
5. Die Waffeln auf Tellern anrichten und mit Schlagsahne und Eierlikör garniert servieren.

Cappuccinotorte

Zutaten Teig: 4 Eier, 120 g Zucker, 30 g Paniermehl, 50 g geriebene Schokolade, 50 g Mehl, 150 g gemahlene Mandeln (oder Haselnüsse), 1 Teel. Backpulver.

1. Eine Springform (26 cm) am Boden einfetten, den Backofen auf 180 °C vorheizen.
2. Die Eier mit dem Zucker zu einem dicken Schaum schlagen.
3. Die restlichen Zutaten mischen, mit einem Schneebesen vorsichtig unter den Eierschaum rühren.
4. Den Teig in die Form füllen und sofort in den heißen Ofen, in ca. 35 Min. goldbraun backen.

Zutaten Füllung: 500 ml Sahne, 3 Essl. Cappuccinopulver, 2 P. Sahnefest.

1. Von den abgekühlten Tortenboden einen Deckel abschneiden und zerkrümeln.
2. Die Sahne fest schlagen, dabei Sahnefestiger und Cappuccinopulver einrieseln lassen.
3. Die Cappuccinosahne kuppelförmig auf den Tortenboden geben und mit den Teigkrümeln garnieren.

Herzhafte Schwarzbrottorte

Zutaten für den Tortenboden: 750 g geschnittenes Schwarzbrot.
Zutaten Tortenfüllung: 2 Packungen (400 g) Frischkäse, 1 Teel. Senf, 2 Teel. Zucker, 200 g Kochschinken, 80 g Zwiebeln.
Zum Bestreichen und Garnieren: 2 Packungen Kräuterfrischkäse, 2 Essl. Schnittlauchröllchen.

1. Eine Springform (26 cm) mit Backpapier auslegen. Für den Tortenboden die Hälfte der Schwarzbrotscheiben darin auslegen, Lücken mit zerkrümeltem Brot füllen.
2. Für die Tortencreme den Frischkäse mit Senf und Zucker verrühren. Die Zwiebeln, den Schinken, evtl. Paprika in feine Würfel schneiden, zu der Creme geben und vermengen.
3. Die Füllung auf den Tortenboden verstreichen und mit den restlichen Schwarzbrotscheiben (Krümeln) bedecken, etwas andrücken.
4. Zum Garnieren den Frischkäse verrühren und auf den Teigdeckel gleichmäßig verstreichen.
5. Die Springform abdecken, in den Kühlschrank stellen und mindestens 12 Stunden durchziehen lassen.
6. Den Rand der Springform öffnen, die Torte in Stücke schneiden, mit Schnittlauchröllchen garnieren und servieren.

Die Schwarzbrottorte passt sehr gut zu einem leckeren Punsch oder zum Pharisäer, oder, oder, … sie läßt sich gut vorbereiten und ist sehr orginell.

Feine Lachstorte

Zutaten für den Knetteig: 125 g weiche Butter, 1 großes Ei, 1/2 Teel. Salz, 250 g Weizenmehl (Sorte 1050).
Zutaten für den Belag: 2 Essl. Tafelmeerrettich (Glas), 200 - 300 g geräucherte Lachsscheiben (evtl. 100 g Krabben).
Zutaten für die Soße: 400 ml Sahne, 3 - 4 Eier, 1 kl. Teel. Salz, Pfeffer, gehackter Dill (evtl. getrockneter) nach Geschmack.

1. Die Zutaten für den Teig der Reihe nach verrühren, zuletzt das Mehl zugeben, mit den Händen zu einem glatten Teig verkneten und 1/2 Stunde kalt stellen.
2. Eine Springform (28 cm) oder eine Quicheform mit Butter einfetten.
3. Den Knetteig in die gefettete Form geben, Boden und Rand damit auslegen. Den Teig mehrmals mit einer Gabel einstechen.
4. Den Backofen auf 180 Grad vorheizen.
5. Den ausgelegten Knetteig mit dem Meerrettich bestreichen. Die Lachsscheiben in Streifen schneiden und gleichmäßig über den Teig verteilen.
6. Aus der Sahne, den Eiern und den Gewürzen eine Soße anrühren und über die Lachsstreifen verteilen.
7. Die Lachstorte in den heißen Ofen schieben und goldgelb backen.

(weiter nächste Seite)

Einsetzen: Auf dem Rost, mittlere Schiene.
Temperatur: 180 °C, Backdauer 40 - 45 Min., 0 Grad - 10 Min.

Die feine Lachstorte läßt sich warm und auch kalt servieren. Abgekühlt garniere ich sie gerne mit Schmandtupfen und Dill.
Als Beilage schmeckt ein schöner grüner Salat einfach köstlich.

Fladenbrottorte

Zutaten: 1 Fladenbrot, 2 Kräuterfrischkäse, 1 Becher Schmand, grüne Salatblätter, 2 hartgekochte, gepellte Eier, 3 Tomaten, 1 Zwiebel, 1/2 Salatgurke, 200 g Kochschinken, 150 g Käse.

1. Das Fladenbrot waagerecht durchschneiden.
2. Den Frischkäse mit Schmand verrühren, auf die beiden Brothälften verstreichen.
3. Die Salatblätter putzen und den unteren Brotboden damit belegen.
4. Die Tomaten, Eier, Gurke und Zwiebel abspülen, in feine Streifen schneiden, auf die Salatblätter verteilen.
5. Den Schinken und den Käse in feine Streifen schneiden und über das Gemüse streuen.
6. Den oberen Boden auflegen, 1 Stunde warten und die Torte in 6 - 8 Stücke teilen.

Tipp: Die Füllung ändere ich je nach Geschmack und Jahreszeit.

Inhalt

Herzhaftes und Süßes

Darf ich Sie einladen,
mit mir die Ostfriesische Küche zu genießen?